Magnum Opus:
A Tribute to Ntarikon

Peter W. Vakunta

Langaa Research & Publishing CIG
Mankon, Bamenda

Publisher:
Langaa RPCIG
Langaa Research & Publishing Common Initiative Group
P.O. Box 902 Mankon
Bamenda
North West Region
Cameroon
Langaagrp@gmail.com
www.langaa-rpcig.net

Distributed in and outside N. America by African Books Collective
orders@africanbookscollective.com
www.africanbookscollective.com

ISBN-10: 9956-764-04-3

ISBN-13: 978-9956-764-04-4

© Peter W. Vakunta 2017

DISCLAIMER
All views expressed in this publication are those of the author and do not
necessarily reflect the views of Langaa RPCIG.

Dedication

To the fallen heroes of Ntarikon Park in Bamenda who watered the tree of liberty with their blood on May 26, 1990 during the launch of the Social Democratic Party (SDF)

Acknowledgement

Many thanks to fellow poets who have read this manuscript and made pertinent comments on the subject matter

Preface

Magnum Opus: A Tribute to Ntarikon is a dirge. It is a long melancholic walk down memory lane by a poet who bemoans the demise of his native land. This long poem documents a momentous event in the political history of the Republic of Cameroon—the launch of a bona fide oppositional political party—the Social Democratic Front (SDF) on 26 May 1990 at Ntarikon Park in Bamenda. Throughout our sojourn here on planet earth, from the cradle to the grave, we internalize information culled from our lived experiences, from the experiences of others, and try in some way to make sense of it all. When we are unable to make sense of the events that have scarified our lives, we tend to exteriorize the information in writing or through speech acts and non-verbal language. By so doing, we are afforded a different perspective, thus allowing us to think more clearly about the things that have transpired in our lives. Poetry is one of the ways in which I externalize my thoughts. Versification provides me with an outlet for pent-up emotions. Poetry allows me to communicate issues that I might not be able otherwise to openly discuss. It affords me the opportunity to self-evaluate, ponder the relationship with my target readership; conceptualize the nexus between my life and the world around me.

Magnum Opus: A Tribute to Ntarikon is in many ways a cathartic poem. It is important for readers to know that this poet is a grafi from the grassfields of Cameroon, the capital of which is Bamenda, the Cameroonian equivalent of Aleppo in Syria. On account of its fierce opposition to the dysfunctional government of lame-duck President Paul Biya, Bamenda has become the bête noire of the francophone majority government in the country. In fact, the people of Bamenda have borne the brunt of Paul Biya's wrath for thirty-four years (1982-2016). Another historical piece of information that this poet owes readers is the fact that he worked as Senior Translator at the Presidency of the Republic of Cameroon in Yaounde from 1991-1996. During this psychologically tumultuous stint at Etoudi, seat of the presidency in Cameroon, the poet bottled up so much unsettling information that he became ill at ease. That is why this book is immensely therapeutic. It is important for readers to bear in mind that each verse in the poem is the voice of the dissent, the expression of a mind that yearns to bring sanity to an insane world. There's no gainsaying the fact that recalling our yesterday gives birth to our tomorrow.

"The day will come when history will speak... Africa will write its own history... it will be a history of glory and dignity" – Patrice Lumumba

Cheh Massa!/Ongola na waa-o!/
Na helele-o,ma broda!
The blind leading the blind?/
No lumière at the end of /
The Ngolan tunnel,eh!/
Mola, where did the rains/
Start to beat us?/
When people grope around/
In pitch darkness/
Oblivious of who they are/
Begging to know where they are headed/
Maybe that's because/
They don't know/
Where they hail from/
And if they know not/
Their provenance/
Then they've failed the ontological litmus test/
The search for authentic selfhood/
Oftentimes, we've been branded/
Beasts of no nation/
Enemies in the House/
The lost generation of Ambasonia/
Aliens in the land of our birth/
Some have christened us les *biafrais*/
The *mbindi* of this land
Have become fodder for military canon/
Maybe that's because/
The future holds no good/
For the *jeune talent*/ of this blighted nation/
Caught in the crossfire/ of political *djintété*/
When the *katika* fight/

The *tchotchoro* of Ngola/
Leak their gaping wounds/
Smothering discontent/
May crawl like the *nyamangoro*/
But there comes a time/ when even the *mbut*/
Picks up his boxing gloves/
And enters the boxing ring/
Rather than pick *tokio*/
And run *nine-ninety* like an *opep*/
Being hotly pursued by a *mange-mille*/
So it came to pass in 1990/
When the *kanas* man/ of Ntarikon /
The venerable son of grafi land/
Ni John Fru Ndi A.K.A Chairman/
Bit the bullet/ and launched/
The only bona fide oppositional Party—
The Social Democratic Front/
At Ntarikon Park,
On that the memorable Day/
May 26, 1990/
Political formation/ that's ere long been/
The albatross of Mr.Paul Biya Mbivodo/
Current tenant at Etoudi/
Came fire/ came brimestone/
Came rain/came sun/
The aftermath ravaging!/
Numerous youngsters/ cut down in the/
Prime of their youth/
Many more lost their lives/
Purportedly crushed in a stampede/
The truth of the matter/ is everyone's guess/

Several of the *tara*/
Were picked up from *matango* houses/
Others from matutu taverns/
And thrown in *ngata* forever and ever/
None was a *sansanboy*/
Sexually starved *zangalewa*/
 Nyoxer my *mini-minor* sisters/
At Ngoa-Ekelle and Uni-Buea/Thousands more/
Were pounded/ like *poto-poto*/
Till this date they/
Lie rotting/ in mass graves in Abakwa!/
Their ghosts/ ignited/
The infamous ghost-town operations/
Opérations villes mortes/
That brought the economic life-blood
Of Ongola/ to a virtual standstill/
Taximen *okada* boys and *bayam-sellam*/
 Refused to throw in the towel/
The *Takumbeng*/ joined the dirge/
Baying for Mbiya's blood/
Bereaved families/ consulted *maguida*/ for *gris-gris*/
Many more/ went to seek help/ from the *mami-wata*
In Lake Oku /and Lake Nyos/ to no avail.
The intent was to kick Mbiya/
Out of his hide-out at the/
Etoudi Presidential palace/
In Bamenda/ rioters chanted—
Mbiya is really something!
He must go!/
Red card for Mbiya!/
In Bafoussam people sang—

3

Liberté eh, eh/
Liberté eh eh eh eh/
Dieu tout puissant ah ah!/
Nous seront libres bientôt!/
In Buea protesters chorused:
Liberty, eh, eh/
Liberty eh, eh, eh, eh!/
All-powerful God, ah ah!/
Soon we'll be free!/
But the Lion Man/ no spring kitchen/
Smelling *arata*/ he sneaked into
The equatorial forest/
To obtain from his pygmy tribesmen/
Megan /carried on him/ day in day out /
As backup for his bullet-proof jacket/
Ghost towns/
Towns haunted/by ghosts of victims/
The ghost of Eric Takou/ haunts in Douala/
The brutal killing/ of the innocent kid/
Shocked all and sundry/
The corpse of Takou /paraded in a wheel-barrow /
By infuriated inhabitants of Douala/ and later/
Deposited at the home of his murderer/
Taxi men and benskineurs/
First it had been the students/
Then came civil servants/
Now the black marketers/ got into the fray/
Refusing to be eaten alive/ by municipal vampires/
Then came the turn of taxi drivers/
Who refused to commute/ to protest/

4

The illegal shakedowns by the police/
They mourned a taxi driver/
Shot at point-blank range/
By a mbere khaki/
To whom he had refused to tchoko/
Taximen had gone on strike/
To protest this endemic human cruelty/
The day they went on strike/ all streets were empty/
From time to time/ a helicopter crossed the sky/
Men hid in shops and *matango* houses/
Purporting the helicopter carried tear gas/
And machine guns/
Harbinger of the arrival of Mermaids/
Mami wata/
Mine is the tale of a time/
When humans/no longer have the time/
To procreate/there's decadence/
There's excitement/ there's craziness/
Good food has become poison/ to the human body/
It engenders/a surfeit of flesh/
That hurts the public eye/
I left my native land/ in order
To know the world/
There's time to be lost/
And time to find one's way/ time to wonder/
And time to return to one's roots/
I am black/ the sun would testify/
Exile has made me lose my bearings/
As time ages/I realize I've fallen into decadence/
Like the somnambulist/ penetrating the fog/
Eyes wide open/

I AM mami wata
I take a look at the sky/ I ape white men/
Because I believe/ their fate is rosy/
I believe they have a better understanding/ of good and
evil/
Of what's appropriate/ and what's not/
Of what's fair/and what's unfair/
I believe they know/how far they want to go/
When to stop/
And when to forge on/
Other cultures/
Are not aborted attempts/
At being your own culture/
They are unique manifestations/
Of global civilizations/
The world in which you live/
Is only one model of human reality/
I don't know/
When I became oyibo/
What I do know/
I straighten out my hair/
With maximum strength Skin Success/
I don't know/
When I became mukala/
What I do know/
I flake my skin with Venus de Milo/
I brutalize my body/ in order to unblacken it/
I don't have breasts/my buttocks are flat/
Like the surface of the earth/
It's a question of necessity/
I have to please white women/

I look like a bread-board/ therefore I am pretty/
I dance in circles on chilly days/
And men in hot pants vie/
With one another in admiration of me/
When I walk my dry bones crackle/
On the left/ and then on the right/
Causes sun-lovers and fine sand-eaters/
To work up an erotic sweat/
I savor this victory while cleaning public lavatories
I know them all/
I could give you a description/
Of all types of men who come here/
There are handsome old men/
Who'd tell you that they'll teach you/
How to sleep with a man/
They'll tell you that they'll teach you/
The act and the art of lovemaking/
Alas, you wouldn't understand a damned thing/
Because before they're done teaching you/
You'd find them stretched out on you/
As if in an attempt/
To escape from the ravages of time/
There are the fat ones who'd stop thinking/
About their monstrous bodies/ when they smell vapor/
Exuding from excrement/ and urine/
They say they'd teach you silent generosity/
By offering you the opportunity/
To take a peep at their greasy private parts/
There are women with big or tiny breasts/
Rich and poor who give the impression/
They have the umbilical cord of the universe/

Between their thighs/
They wouldn't say a word to you/
As if by some mystery you've come/
To share their fate/
And that's EVEN better!/
I don't know/
When I became sara/
It does happen/
When people live/
In close proximity to one another/
When days go by in great numbers/
And become weeks/ months/years/
One day the weather is awesome/
The next day it is awful/
And we/ WHITE women
And we/ BLACK women
In winter/
In summer/
We dare not/
Take our eyes off the ground/
For fear of stepping on dog poop/
Lying pell-mell on the sidewalk/
If I'd taken my eyes off the ground/
From time to time/intermittently
Just at the right moment/
It would have dawned on me/
That sometimes there's light in the clouds/
At times there's darkness in the sun/
Times have changed/ much is still to change/
The future alone should matter to us/ Hope is existential
magic

For the sake of the future/ indeed/
We PUMP up inside gym-clubs/
Our beauty wilts in sauna baths/
We crush tons of fat/ because with bare bones/
We'll look attractive to men/
Like dogs they rave and pant/
Legs up in the air/ they chuckle/
When one of them manages/
To get hold of one of us/
He shows off/ with her puny body/
At wife-swapping parties:
Have you met my sweetheart?
A real model, isn't she!
He whispers into her ear/
Excited and contented/
We ARE mami wata
We CAST a spell on men/
We intoxicate them with potions/
TOBASSI
How many times/have I seen men/
Send their toe under the table in a *matango* club/
In the space between the legs/
Of their neighbor's woman/
And even remove the lid of her pot/
We GIVE *megan* to our men.
We're heroes of sorts/
Fallen heroes/
Hail Bate Besong!

...

He's not here/
Yet far and away/
Echoes of his prolific
Erudition resounds/
BB's not here/
But the legacy of his
Intellect lives here/
He's not here/
But rumblings of his/
Vociferous castigation/
Of an inept system clamors/
He's is not here/
Still far and wide/
The melody of his vociferation/
Against a cancerous polity chimes/
Hail Obasinjom Warrior!
The genuine intellectual/
The man who relegated /
Phoney intellectualism/
To the trashcan of academe/
Bate Besong is no more/
Long live Bate Besong!/
Long live the immortal!/
Big or small/
Rich or poor/
Corruptible or incorruptible/
Miscreant or holier-than-thou/
From dust you came/
Unto dust you'll return./
Hail Reuben Um Nyobé!
Bête noire of the French/

And of Ahmadou Ahidjo/
The semi-illiterate that ruled /
Cameroon for a quarter century!/
Tribute to Reuben the/
Maquisard of the Sanaga Maritime/
Die-hard Upecist/ Nationalist/
He wandered in the heart of darkness /
Feeding on roots and branches/
Oblivious to birds of ill-omen/
He wandered on the banks of the Sanaga River /
Eating raw fish and roasted cassava/
He wandered in the deep of night/
Tiptoeing in and out of his hidcouts/
He wandered in the burning bushes/
Alert to sounds of birds of good-omen/
And they offered him good tidings…/
Baobab…/ Baobab…/ Baobab…/
He was a Lion-man/
A man with a heart of steel /
A Man with the tongue of fire
A Man born before his age/
He knew the nooks and crannies of
Conspiratorial machinations—
The ultimate declaration of love-hate
For the arch-enemy/
Reuben's alias are legion/
Albert Womah Mukong/
Unsung hero of Babanki Tungo/
In Ngokatunjia Division/
Albert Womah Mukong—/
Pet-peeve of Ahidjoic inept regime/

Recidivist inmate prisoner without a crime/
Graduate of Mantoun concentration camp/
Erstwhile tenant of Nkondengui—/
Maximum security dungeon/
In the heartland of mimbo drinkers/
Hail Ernest Ouandié!
Object of public opprobrium/
Sacrificial lamb of political thuggery/
Chagrin of the Upecist/ashes of freedom/
Flesh of flesh/bone of bone
The iroko tree refused to lend him/
A hand in the struggle/
But the mahogany tree refused/
To embrace him in combat/
The baobab trees refused him their ambient shade/
In the Sanaga swamps /
The equatorial jungle closed its doors to/
A national hero!
Closed the door to his quest for shelter/
It was said to him/
The revolution has been made without you/
His tribesmen disowned him/
To the utter dismay of the groaning hyenas/
Is there a crisis of identity?
Identity crisis/
I don't quite know/ who I am/
Je ne sais/ pas au juste/ qui je suis.
Some call me/ Anglo/
D'autres m'appellent/ Frog/
I still don't know/ who I am/
Je ne sais toujours pas qui je suis/

My name c'est le Bamenda/
My name is l'Ennemi dans la maison/
My name c'est le Biafrais/
Mon nom is second class citizen/
My name c'est come-no-go/
My name c'est le maladroit/
Taisez-vous! Shut up!/
Bloody bastards!/
Fermez-la espèce de connards!/
Don't bother me!/
Ne m'embêtez pas, salauds!/
Don't mess with me dirtbags!/
Don't you know/ that /je suis ici chez moi?/
Vous ignorez /que/ I belong here?/
I shall fight/ to my dernier souffle/
To forge/ a real name/ pour moi-même/
You/ shall call me Anglofrog!/
Vous m'appelerez Franglo!/
Shut up! Taisez-vous!/
Don't bother me!/
Ne m'embêtez pas!/
Vous ignorez/ que/ I belong here?/
Don't you know/ that/ je suis ici chez moi?/
I shall fight/ to my last breath/
To forge/ a real lingo/ for myself/
I'll speak Français/
Je parlerai English/
Together/ we'll speak Camfranglais/
C'est-à-dire/ qu'ensemble/
We'll speak/ le Camerounisme/
Because/ ici nous sommes tous/ chez nous/

A bon entendeur/ salut!/
He who has ears/ should hear!
Hear the macabre dance
Break dance at Bakassi/
Break dance at Etoudi/
Break dance at Mvomeka'a/
Bastion of necromantic machinations/
In Longkak
Tchoum/Tchoum
Sing Tchoum Tchoum
For Ntarikon!
Sing Tchoum/Tchoum
Ntarikonic requiem of zombification/
Sing Tchoum Tchoum of national grave-diggers/
 Sing Tchoumassa of disembowelers/
Tchoumassa of defilers of girls in their teens/
Of despoilers of teenagers in the taxi-cab/
And of grave-diggers at Nkouloulou/
Of beheaders of school kids in Mokolo/
Chantez requiem pour Ngola pourri/
Chantez tchoum/tchoum/
Chantez tchoumassa des vampires ongolais/
One/ two/three/four/
Stamp your devlish feet/
Grab your partner/ mami wata/ by the waist/
Turn her around to face the heath fire/
Tchoum/Tchoum/Tchoumassa/
This is the credo of *alikamouti*/
Creed of beleh-politicians/
Consumer of hot human flesh/
Ingesting/the entrails/the meat

Of victims of poisoned gifts/
Tchoum/Tchoum Tchoumassa/
Credo/ of men the underworld/
Of *coupeurs de route*/ high-way robbers/
Hunted by forces of law and order/
In love with *Dan sapak*/
Wolowoss
GALORE…
Looking at these images/
Your gait/ your demeanor/speaks volumes/
So robbed of your self/
Young girl / mini-skirt wearers/
Ere long deflowered/
Young women/ with revealing dress/man hunters/
Others call them sexy!
That tells tales about our lot in life/
Heart-broken I look at these images/
OF YOU AND ILK/
And you *sist*a/obligated to
Trade your soul for a penny/
A for a living you're thingified/
Nothing more to say…/
AND YOU *broda*…/
Scavenger of public scum/
Conduit of scatology/
Hands sullied with social grime/
Soul scarified by graft/
You exude criminality—/
Crime of tribalism/
Crime of cronyism /
Crime of nepotism/

Crime of chop-broke-potism…
AND YOU, CHIEF EPHRAIM ENONI
Prison INMATE/ in cell number zero/
Prisoner without incrimination/
Crucified on the cross of witch-hunting/
Damn them all!/
Damn those assholes at the helm in Ongola!
The red plague on their heads!/
Save the poet/
Town-crier/
THE POET…
To write or not to write/
That's the question/
Fornicator of ideas/ deflator of illusions/
Self-delusion canker/ herald of a nation re-born/
ME…
I write poetry/Therefor I am/
Harbinger of ill-wind/
To speak or not to speak/
That's the question/
Moi, raconteur/
Porte-parole des damnés de la terre/
THE BARD…
LE CHANTRE…
Voice of the voiceless/
Loquacious peace-maker/
Talkative scallywag…/
YOU…
Scavenger of social crap
You create your own world/
A world of impersonation/

16

YOU... ME...TOWN CRIER
We create worlds of PREVARICATION
Man and man are locked/
In infectious mutual suspicion/
Wife thinks husband is lying./
Husband believes wife is telling tall tales/
Child thinks parent is fibbing/
Parent thinks child is telling half-truths/
The tax-collector thinks the taxpayer is disingenuous/
The taxpayer believes the tax-collector is a conman/.
The politician thinks it is okay
To take voters for a ride/
The electorate believes it is alright/
To indulge in double-speak/
Voters think the
Candidates are up to cock and bull/
What a load of hogwash and masquerading!
Garbed in multifaceted masks/
We make believe in all walks of life/
Foes act like friends/
Friends ape foes/
Mortals impersonate immortals/
Humans pass for super-humans/
Miscreants act the pious/
Self-seekers masquerade/
As selfless philanthropists/
Straight act like queer/
Queer simulate the transgendered/
 Our world is topsy-turvy/
No question about it!
The Muses said this would happen—

That language/ would be hijacked/
And words twisted/
Tower of Babel!/
Language taken hostage/
By a bunch of tricksters/
From the Ministry of Double-Speak/
And from then on/
Words would be crooked/
And more and more out of whack/
When it is best to shut up/
We live in that time/
That prophets had predicted/
Nothing said means what is said/
And words mean what they don't say/
SLANGUAGE…/
Penchant for convoluted lingo/
Notoriety to make the ordinary/
Look extraordinary/
Auto mechanics have become/
Automobile internists/
Elevator operators pass for /
Vertical transportation corps/
Double-speak our stock-in-trade/
Pre-emptive counter-attack/
Veils your compulsive belligerence/
Tactical redeployment/
Is euphemism for military retreat/
The Vietnam War re-dubbed…/
We no longer talk /
About bullet holes/
They're ballistically induced apertures/

In the subcutaneous environment/
Go tell it on the mountain!/
Linguistic jugglery at its best…/
Our neutron bombs/
Have metamorphosed into/
 Rradiation enhancement contraptions/
Double-speak breeds fire-power/
I can barely comprehend/
What I desire/
I speak words/
That do not matter/
On account of convoluted lingo/
They know not/
Where they're going/
We're in the discursive wilderness/
Confused by the mismatch/
Between signifier and signified/
We're in the lexical gravy train/
Where stop lights have been/
Demolished by national cranks/
In a bid to hijack the nation-state/
How do we stop this lunacy?/
To halt the insanity/
We're in the top-speed metro/
Where we need red lights/
To stop the wanton impunity that /
Has brought Ngola to its knees!/
Self-indulgence/dereliction of duty/
Bribery and Corruption are second nature to us/
We're in the breakneck train
Where there are no traffic lights/

No longer exist to halt the national dementia/
We're in the maddening train/
Where we need stop lights/
To put an end to chop-a-chop/
We're in the high-speed train/
Where we need yellow lights/
To halt the demise of a nation in decrepitude/
No longer the poetic nation/
We inherited from our colonizers/
The POET…
Creates a fluid world/
Aquatic world/
WATER
Water! Water! Everywhere/
But not a drop to drink/
 In NO MAN'S LAND/
Water galore/ but not a drop to drink in Bamenda/
Not a drop in Bafoussam/ in Bakossi Land/
Drought at home/ drought of moral rectitude/
Drought everywhere/
Drought of consciencism/
Drought everywhere/
Drought of patriotism/
Drought everywhere/
Drought of self-respect/
Drought everywhere in hospitals/
Hospitals in Baden-Baden/
But none in Ngola/
Mansions in the French Riviera/
But none at home/
Drought in Ebolowa/

Mountains of penury at home/
Zillions stashed in Swiss banks/
Not a cent in Bertoua/
Dry season everywhere/
Dry season of love/
Dry season of mutual trust/
Dry season of mutual love.../
Bassa against Beti/
Drought of camaraderie/
Bangwa against Bali/
Drought of reciprocal hate/
Banso against Banja/
Drought of barren land/
Fulbé against Fontem/
Dryness of non-committal wedlock/
Drought of a forced marriage/
Between Anglos and Frogs/
In La Réublique du Cameroun/
A barren banana Republic!/
Bareness of Famla/
Sterility of Essingan/
Bareness of totemism/
Bareness of Maraboutism/
Sterility of Nation-auctioneering/
I bemoan the ghost of SONARA/
Cry the beloved SOCAPALM/
I weep for the National/
Produce Marketing Board/
I shed tears for the MIDENO/
I lament for the Limbe deep seaport/

I choke with tears for the election gerrymandering and fraud /

That has kept Paul Biya Mbivodo—/

Roi fainéant in power for 34 year (1982-2016)/

Regime of DOG-EAT-DOG VENDETTA/

In these precints/

Polls are seldom a litmus test/

For popular mandate/

Benefiting/ from the privilege/

Of incumbency/ the powers-that-be/

Make a sham/ of fair and free elections./

The legislature transformed/

Into a rubberstamp of toothless bulldogs/

The judiciary reduced to the posture/

Of spineless bootlickers/

The executive lords it over senile Senators/

By fair means and foul/

Aiding and abetting governmental sinfulness/

Sins of incumbency/

Sins of the flesh/

Sins of tribalism/

Sins of falsity/

Sins of malfeasance/

Heinous crimes of incumbency/

When will the rains fall on Ngola/

To quench the conflagration of ethnic animosity?/

Rain! Rain! Everywhere but not a single drop/

For Quifon/ for Ngiri/ for Ngumba/

Rain! Rain! Everywhere/

But not a drop in Ongola/

Drought of intoxication/

Drought of levity/of national decomposition
Drops of rain everywhere/ but none for YOU…
Water everywhere/ but not a drop for ME…
Raindrops of global quarantine/ of Armageddon!
Showers of decadence/
Showers of decrepitude/
Dilapidation of MIDENO and UNVDA-Ndop/
Decrepitude of Bamenda Produce Marketing Board/
Showers of dilapidation of Mungo Bridge/
Of PAMOL Lobe Estate /
Of Dibombari SOCAPALM/
Showers of putrefaction/ of SONARA/
Of Cameroon Bank/gone belly up/
Showers of erosion/ of the plunder of Ambasonia/
HE is to blame…
Na you!/
Dong broke'am-o!/
You go fixam-oh!/
Tin-shack dweller/
Of Kake/
And of Loum Chantiers-Gare /
Sepedi man of Seshego/
Homeless in the land of skyscrapers/
Setwana speaker/
Of Mpumulanga/
And of Klersdorp/
Dreamless in a land of dreams/
IsiXhosa brother
Of Port Elizabeth/
Penniless in an oasis of plenty/
IsiZulu son of Durban/

And of Pietermaritzburg/
Thirsty in a sea of oceans/
IsiNdebele cousin of Jagersfontein/
Speaker of Fanagalo/
Argot of the diamond mines/
Tsotsi brother of Soweto/
And of Tembisa in Gauteng/
Hungry in a land of affluence/
Replete with natural resources/
Ashawo sister in Alex township/
Heartland of the scum of society/
Adjacent to the affluent/
Upper-class suburb of Sandton/
Afrikaans speaker/
Of District Six in the Mother City of Cape Town/
Naked indigene of Umtata/
Graduate of Robben Island/
Free born of the Transkei/
Stranger in the land/
Of your own birth/
Such are the vagaries of life/
Isi Ndebele fella of Tsonga/
Wageless shear-cropper/
Of the Rainbow Nation/
What became of Ubuntu?
Tsotsitaal speaker/
Of the Northern Cape/
Vector of urban misdemeanors/
Homeless glue-sniffer/
Of the Western Cape/
Illiterate in the midst/

Of schools and books galore/
Jobless Tswana speaker in Limpopo/
Unemployed in a land/
Teeming with job opportunities/
What says she?
SHE…
I salute HER…
Haggard domestic worker/
Of Jo'burg/
Business hub of Gauteng/
I salute YOU/
Nanny of Palaborwa/
You bend double/
For your daily pittance/
I salute you…
Au-pair of Warm Baths/
You toil for your stipend/
Zulu *akwara* of Ladysmith in KZN/
Sex worker of Soshanguve/
What does the future/
Hold in store for you?
Without freedom?/
Pick-pocket of Mahikeng/
Canon for fodder/
Sesotho child-mother/
Of Pretoria seat of Union Buildings/
What does the future/
Hold in store for you?
Without freedom?/
Mine-worker of Marikana/
Who escaped the massacre/

By the skin of the teeth/
What does the future/
Hold in store for you?
Without freedom?/
Hottentot opium cultivator/
Of the Kalahari Desert/
Khoisan Game-hunter/
Of Kruger National Park/
Uprooted San People/
Of the Namib Desert/
And of the Okavango Swamp/
What does the future/
Hold in store for—Aborigines
Without freedom?/
My heart bleeds for you!
I weep for those aborted dreams.../
I HAVE A DREAM.../
That one day/
From the rubble of decay/
And of moral degeneracy/
Will rise a New Nation/
Rejuvenated Ambasonia/
Not by thunderstorm/
Not by tornado/
Not by hailstone/
Not by necklacing/
Not by house-torching/
Not by manslaughter/
But by the coordinated uprising of the proletariat/
Those who have no stakes in the spoils/
They're birds of good-omen/

The good shall not turn into evil/
The clatter the Doves…
Shall not metamorphose into the humming of hawks/
I have half a mind/
To turn and live with the doves/
They're forever tranquil/ and carefree
I watch them/ in utter admiration
They don't whine about /
What they're going to eat tomorrow/
They don't worry about what /
The next day holds in store for them/
How I wish I were a dove!/
Not one of them/ builds castles in the air/
None/ is victim of inordinate ambition/
How I wish I were a kite!/
Not one of them abuses power/
None lives at the expense of the other/
Not a single one harbors lustful desires/
How I wish I were a parrot!
I have half a mind/
To turn and live with the BIRDS/
Quiet peace-makers/
There cannot be peace/
So long as Kamerun /
Has been auctioned/
To French buccaneers!/
There cannot be peace/
So long as Anglophones are/
Treated like parasites/
In the land of their birth/
There cannot be peace/

So long as the Beti tribe/
Lord it over the entire nation/
There cannot be peace/
So long as some Kamerunians/
Are perceived as Enemies in the House/
There cannot be peace/
As long as Kamerun/
Is governed by numskulls/
Who cannot distinguish/
Right from wrong/
There cannot be peace in Ongola/
So long as we have a president/
Whose prime objective/
Is to give up the ghost in office/
I have half a mind/
To go live with the birds/
They all accept their lot in life/
LIFE…/
My life is like a book/
I am pregnant with words,/
Ideas and meanings/
I am a repertoire of feelings,/
Cultures and knowledge/
I bridge gaps and vacuums./
I mitigate crass ignorance./
My life is like a book/
I take you round the world/
In a fleeting moment./
I make you climb the highest/
Mountain in a split second/
My life is like a book/

I open new up horizons for you,/
Not only of information but also/
Of diverse enriching experiences/
My life is like a book/
I help you develop a curious mind/
That stands you in good stead in the future/
Don't shun me!/
I am a book/
Some call me a horror movie/
I am pregnant with meaning/
Ideas/ words/ feelings/
I am a repertoire of knowledge/
Granary of cultures/ worldviews/
I bridge gaps and vacuums/
I mitigate crass ignorance/
I take you round the world/
In less than no time/
In a fleeting moment/
You're in the nooks and crannies/
Of the globe/I make you climb
The tallest mountain in a split second/
I am a window onto the world/
I open a new world for you/
I make you travel a myriad miles/
In one minute/
I make you see a thousand sights/
At a glance/
I let you see a million/
Sights in the twinkling of an eye/
I widen your horizon/
I nourish your mind in a new Dawn/

Hia! Hia!/
The dawn of a New Deal/
Hia! Hia! /
The reign of meritocracy/
Hia! Hia!/
The demise of jungle justice/
Hia! Hia!/
The requiem for nepotism/
Hia! Hia!/
The death of cronyism/
Hia! Hia!/
The burial of ethnocentricism/
Hia! Hia!/
The cremation of /
Lame-duck pseudo-leaders/
Hia! Hia!/
The entombment of shenanigans/
And shoddy deals/
I scratch your back/
You scratch my own/
Chop- a-chop/
Modus operandi of city-dwellers
The city…/
Love or hate Douala/
Medley of beggars/muggers and pickpockets/
The bulk of them/ university graduates/
On the payroll of the Street Committee/
Douala, Mbenge of Cameroon…/
Africa in miniature/
The wretched of the earth/
Crammed in match-box shacks/

Snuffing and sniffing glue/
Under bridges/ in shanty quarters/
Douala…/
 From the clean and spark/
Of yesteryears to
The most uninhabitable/
Hellhole on Earth!/
Douala…/
Metaphor for human zoo/
City fallen from grace to grass/
City of grime and crime/
Of drugs/ hub of thuggery/
Brothel of carnal trade/
In the era of Ahidjo/
Douala was the heartbeat of/
Cameroonian Economy/
In this day and time/
It's a dungeon/ Golgotha/
Douala—crime capital of the globe/
Men of the underworld call the shots/
Drug lords duck and dive/ amidst gunshots/
Armed robbers mug and strangle
Commuters with impunity/
Conmen from all the nooks and crannies/
Of the country converge for *feymania*—
Credo of men of the underworld/
At gunpoint and in broad daylight/
Compatriots are divested of hard-earned cash/
Child whores vie ferociously/
With haggard old-timers for scarce clientele/
Douala/ epithet for Megatomb/

I write what I want/
Because the pen/
Is mightier than the sword/
I write for Baobabs/
Like Ni John Fru Ndi/
Who took the nation by storm in 1990/
At the Ntarikon Motor Park in Abakwa/
I write for freedom fighters/
Like Lapiro de Mbanga/
I write for sacrificial lambs/
Like Professor Bate Besong/
Whose untimely death raises/
More questions than answers/
I write for victims of circumstance/
Like Koto Bass/who paid with
His blood for daring to sing/
Bamenda wuna no foget me-o!/
I write what I want/
I write for forgotten heroes of our nation/
Whose names reside in the National/
Museum of Oblivion/
I write for nationalistic rap songsters/
Like Valsero, Koppo/
Donny Elwood and Awilo/
I sing for temperamental singers
Like Brenda Fassi /
Madonna of the townships/
Wild child of Azanian pop/
Big fry who gave voice/
To marginalized blacks/
And folks danced across the color bar

Yvonne CH…CH…
Princess of Dobsonville/
I'm burning up/
I cry for freedom/
Makoti/Motherland/
Umqombothi/Sangoma/
Be proud to be African/
Thanks you Mr. DJ/
Back on my feet/
Rhythm of life/
Who's got the power? /
Bombani/
Tiko Rahini/
Kwenzenjani/
Power of Africa/
I write NOT for political nitwits/
Whose stock- in- trade is tomfoolery/
And selective amnesia/
These half-baked raga-muffins/
Are purveyors of national hiccups/
Hic! Hic! Huc! /
Hiccups of mental masturbation/
Hic! Hic! Huc!/
Hiccups of linguistic genocide/
Hic! Hic! Huc!/
Hiccups of cultural denigration/
Hic! Hic! Huc!/
Hiccups of economic asphyxiation/
Hic! Hic! Huc!/
Hiccups of the rape of Africa/
Hic! Hic! Huc!/

Hiccups of tribal cleasning/
Hic! Hic! Huc!/
Hiccups of bribery and corruption/
In all its shapes and colors/
Hic! Hic! Huc!/
Hiccups of graft,/
AND of embezzlement of national funds/
Hic! Hic! Huc!/
Hiccups of aborted statecraft/
Kickbacks/
AND of misappropriation
Of public funds/
Hic! Hic! Huc!/
Hiccups of myopia/
And the collusion /
Hic! Hic! Huc!/
Hiccups of the vicious circle of poverty/
And of chronic chomencam/
Hic! Hic! Huc!/
Hiccups of endemic misgovernment in Africa/
iAfrica!/
Nkosi sikelel' iAfrika/
God bless Africa/
Banish wars and strife/
Hear thou our prayers/
From our deep seas/
And over our mountains/
Nkosi sikelel Enoch Sontonga/
Die Stem/
The Call of Africa/
Nkosi sikelel' iAfrika/

Setjhaba Darfur/
Lord bless Rwanda/
God bless Africa…/
Woe onto those who/
Mistake good for evil/
Woe onto those who/
Confuse darkness with light/
Woe onto those who/
Take bitter for sweet/
Woe onto those who/
Who take make-believe/
For Truth/
So says my Teacher/
TEACHER…/
Oh my teacher!
My dear teacher/
Sweet as honey/
Bright like the sun/
My loving teacher/
Your presence in class/
Keeps me awake/
Oh my dear teacher!/
You move hither and thither in class/
Inculcating in ME the quest for happiness/
Pursuit of happiness…/
The first day I set ma foot/
In the white man's school/
Ma papa said to me:/
Son you shall never quit!/
Quitters are losers/
The first day I set my eyes/

On the white man's book/
Ma mama said to me:/
Son you dare not quit!/
A man without book in his head,/
Is like a house without occupants/
That's why I am a bookworm/
I am a workaholic/
Not an alcoholic/
You berate me for /
Being a bookworm/
I tell you reading/
Is a brain juggler/
Did you know?/
That reading is a window/
Onto the world?/
Did you know /
That reading makes you travel/
A myriad of miles in one minute?/
Did you know/
That reading lets you see/
A thousand sights at a glance?/
I am a workaholic/
Not an alcoholic./
Take time to read,/
It widens your horizon./
Take time to read,/
It nourishes your mind./
The first day I passed
The white man's test/
Ma papa and mama said to me:
Son this is only the beginning/

Of better things to come/
The sky is your limit!/
Where there's a will/
There's a way/
The first day I graduated/
From the white man's school/
Ma papa and mama said to me/
Son you are now a man/
You have done us proud!/
If Almighty God called us today/
We'll hold our heads high/
And say to him, /
Father here we are!/
My father paid tribute to my teacher/
Oh my beloved teacher!
What will I be without you?/
I hope I shall one day be like you/
You don't give me a fish/
You teach me how to CATCH a fish/
My dear teacher/
What a blessing you are for me!
Your ideas are priceless/
Your attire is my dress code/
Your words are my gospel/
Wow! My dear teacher!/
What a role-model!/
You show me how/
To clean my dirty linen in private/
DIRT, DIRT, DIRT EVERY in Africa/
Physical dirt coupled with moral dirt!/
Genocide in Darfur/

Internecine wars in South Sudan/
Dirt on the linen/
Of Africa's bed/
Genocide in Rwanda/
Slaughtering of Hutus by Tutsis/
A smear on the bed linen of Africa/
Vendetta for blood diamonds/
In Liberia and Sierra Leone/
Is a stain on the garment of Africa/
Scuffle between the soldiers/
Of Nigeria and Cameroon/
In the Bakassi Peninsula/
Is dirt on the face of Africa/
Child trafficking in South Africa is a smut/
On the underpants of Africa/
Child enslavement is filth/
On the body politic of Africa/
Proliferation of child soldiers/
On the African continent/
Is a putrefying sore/
In the FLESH of Africa/
Female genital mutilation/
Is soot on the face of Africa/
Virginity testing is trash/
On the landscape of Africa/
Abduction, rape, maiming/
Killing of civilians in Northern Uganda/
By Joseph Kony's/
Lord's Resistance Army/
Is sleaze on the beauty of Africa/
Boko Haram in Nigeria is mire/

On the tapestry of Africa/
Al Shabaab in Somalia is fifth/
On the map of Africa/
Huruje! /
Huruje!/
Muammar al-Gaddafi/
Huruje!/
The foot soldier of Africa/
Huruje!/
Warrior against Afro-pessimism/
Huruje!/
Combatant against battered self-esteem/
Huruje!/
Commander of Africa's Salvation Army/
Huruje!/
Thomas Sankara/
Heir of an old revolutionary dictum/
Gadfly in the ear of Neo-imperialists/
Africa must unite or die/
It beggars belief/
To think that we will/
Build this continent by
Balkanizing it into ethnic/
Tribal concaves and war zones/
This sort of ghetto thinking spells doom/
For the UNITED STATES OF AFRICA/
The future of Africa/
Lies in its collective vision/
We must unite/
Behind one banner/
To bolster our collective destiny/

And face developmental challenges/
African intelligentsia welcome on board!
Gird your loins/
Kumkum Massa!/
Oh! Kumkum! Kumkum!/
Kumkum Massa!/
Oh! Kumkum! Kumkum!/
Huruje! Huruje! Huruje!/
African youth/
The turn is yours!
Kumkum Massa!
Oh! Kumkum! Kumkum!
African women/
Big, big ngondere!/
Small, small ngondere!/
Huruje! Huruje! Huruje!
Kumkum Massa!
Oh! Kumkum! Kumkum!
Hands on deck!
Kumkum Massa! Oh!
Oh! Kumkum! Kumkum!
Huruje! Huruje! Huruje!
A go Kumba wata/
A si somtin/
Wandaful!/
Smol smol ngondere/
Big big bobi/
Wandaful!/
A go Kumba wata/
A si somtin/
Wandaful!/

Big big ngondere/
Smol smol bobi/
Wandaful!/
A go Kumba wata/
A si somtin/
Wandaful!/
Smol smol ngondere/
Big big toto/
Wandaful!/
A go Kumba wata/
A si somtin/
Wandaful!/
Big big ngondere/
Smol smol toto/
Wandaful!/
Wandaful-eh!
Wandaful!
One time! GO! Africa!
Pick up the flickering/
Torch of African UNITY/
United we stand/
Divided we fall/
The onus is ours to rescue AFRICA/
Africa/
Not a continent for the taking/
Not the lost continent/
Africa/
Not the Dark Continent/
Not a continent at risk/
Africa/
Has not reached the /

Point of no return/
Africa/
Is not unredeemable/
Doomsayers are
Despoilers of our backyard/
Plunderers are/
Like mosquitoes/
Mosquito…/
Gladfly!/
Nwing! Nwing!
Avaricious bloodsucker/
Nwing! Nwing!
Ubiquitous sleep snatcher/
Nwing! Nwing!
Harbinger of insomnia/
Nwing! Nwing!
So invisible and yet so visible/
Nwing! Nwing!
Persona non grata/
In the slumberland of /
Kamerunian Crab-house/
WE…/
Disinfectants of cankers/
Soured/malignant/ crabbed/warped/
Fumigation of prejudice/
Of endemic tribalism/
National Apartheid/
Color-bar monster/
Jim Crow/
Hendrik Frensch Verwoerd/
Architect of apartheid/

Race-cleansing spokesman/
Devil's advocate/
Sanctimonious hypocrite/
In thy mouth lies a fiery tongue/
Your lingo is hate:
Kaffirs/ coolies/niggers/
Epitome of bigotry and umbrage/
Is Lucifer Your God?
Black is anathema in thy hateful eyes/
Fawning blasphemer!
The credo you worship/
Racial segregation/
Yet you are no master of your libido/
Fornicating with colored mothers/
Having coitus with black sisters/
Pathological liar!/
Bow thy head in shame/
Your die is cast/days numbered/
Spent force/ requiem sung for you/
Now you're a spent force/ adieu!
Thy house is shitology/
Populace be not fooled/
It's a misnomer/
Presidential palace/
Metonymy for impunity and abuse/
Beyond the glamour and glitter/
Lurks many a machination/
Survival of the fittest/
There goes the modus operandi!
Here lurks the ghost of Jeanne-Irène Biya/
First Lady/her ghost not laid to rest/

Our hands dripping with blood/
Unashamedly,
An ashawo girl steps into her shoes/
To share the reins in that shithouse/
Terrible disrepute for a nation!
We stink incest and philandering/
We're skunks/ we exude perversion/
Tenants of Etoudi are moral skunks/
Here comes the phantoms/
Of opponents fed to crocodiles/
In the elobi of Soa/
In the Sanaga River/
There's danger in the long/
Pick tokyo!
S.O.S
There's fire in the house/
Run! Run! Run!
There's storm in the tea-cup
Run! Run! Run!
Le dehors est mauvais—/
Outsai don bad/
The atmosphere is electric/
Run! Run! Run!
There's hop eye everywhere—/
Bullying is everywhere/
Run! Run! Run!
There's kelen kelen outside
A sinister wind blows/
In Mimboland/
Pandora's Box is ripped open!
Truth & Reconciliation Commissions galore

Perpetrators of evil squirming/
Victims fuming with rage/
Who masterminded black-on-black violence/
Who bombed Khotso House?
Who set fire on Magoo's bar in Durban/
Who bombed Church Street?
You planted landmines/
In Eastern Transvaal/
Who is the arsonist of /
Amanzimtoti Shopping Center?
Speak up comrades!
Time's running out/
Who bears the brunt of these calamities?
Umkhonto we Sizwe?
Third Force?
Self -Defence Units?
Or Apla? Who?
Remember,
The Winnie Mandela United Football Club/
Mama's brainchild/
Remember,
The State Security Council/
Comrades,
The day of reckoning/
Is around the corner/
The rank and file/
Demand the truth and nothing/
But the truth/
Harden not your heart/
Harken their war-chant:/
The price of liberty is perpetual vigilance/

The liberators of yesterday/
May become the oppressors of tomorrow/
It has happened elsewhere/
It can happen here/
SIMUYE!/
We're one/
Many tongues/ many nations/
From the ashes of apartheid/
Sprouts a new nation/
The Nation of rainbow colors/
The Rainbow Nation/
Sing 'Nkosi Sikelel' iAfrika/
To fallen Hector Pieterson/
Sing toyi toyi in his honor/
Toyi! Toyi!/
Takes two to tango/
And a throng to *toyi-toyi.*/
Sing *toyi! toyi!* /
To the fallen heroes of/
Sharpeville Massacre of 21 March 1960/
Sing *toyi! toyi!*
To the unsung heroines/
Of Soweto Uprising of June 16, 1976/
Sing *toyi! toyi!*
To the death of Pass Laws/
And to the demise of/
Group Areas Legislation/
Sing *toyi! toyi!*
To the end of Bantu Education/
Justice delayed/
Is justice denied/

Ingest that into your void skull/
Terminal imbecile/
Chant *toyi! toyi!*
To Soshanguve/
Hybrid nomenclature/
Township lingo/
Personification of selfhood/
Emblem of pacific cohabitation/
I walk tall/
Very tall/
Letting no bloke cow me into submission/
Secure in stoic persona/
Brooding no intimidation/
Let not my diminutive statue/
Be mistaken for frailty/
I am neither an ostrich nor a peacock/
No look Bororo man for yi fut/
I brave quotidian tribulations/
Not burying my head/
In phantasmagorical fine sand/
Like the faint-hearted ostrich/
Hip! Hip! Hooray!
I am not a chameleon/
Hip! Hip! Hooray!
Varying my skin to tally with events/
Hip! Hip! Hooray!
I am an African/
Quips Tabo Mbeki/
I am an African/
I set my pride in my race/
Against a hostile public opinion/

That's why I sing UBUNU/
Epithet for human virtues/
Compassion and humanity/
Hip! Hip! Hooray!
I am no hoax-box/
Laughing up my sleeve /
In mock glee at human calamities/
Hip! Hip! Hooray!
I sing Ubuntu /
So I am/
I feel so I am/
I sing Ubuntu/
So I breathe/
Hip! Hip! Hooray!/
Not an emasculator of divine designs/
I am offspring of universal symbiosis/
UBUNTU credo of my forefathers/
War-cry of my people's humanism/
Hip! Hip! Hooray!/
Stoop Not Down!/
Je suis homme/
Homme avec des kanas/
I am a M.A.N/
I refuse to cave in to the /
Dictates of riff-raff/
Je suis homme/
Homme avec un bangala/
I am a M.A.N./
I dare not stoop down to inanities./
Wrestle not with pigs/
You'll both get dirty/

And the pig likes it!/
Je suis homme/
I am a Man/
Not a lion man/
Just a man/
I will not kowtow/
To the machinations/
Of benighted backstabbers./
Je suis homme/
I am a Man/
I decline to give carte blanche/
To servants of the green-eyed monster/
Je suis homme/
I am a Man through and through/
I know myself only too well/
I rise above societal scum/
I have nothing but disdain for social night soil men/
Je suis homme/
I am a Man/
M.A.N/
L'homme fait l'homme/
Dine not with the scumbags of society/
They'll cast aspersions on your fame/
Reducing you to the status of
Un bout d'homme/
A half-being/
Je suis homme/
I am a M.A.N/
I pay no heed to the raving and ranting/
Of the nonentities of planet Earth./
Putain! Je suis homme/

Hell, yes!/
I am a Man./
Trifles leave me unfazed/
The green-eyed monster/
Consumes those who dine/
With the gods of lust and covetousness/
Remember capo/
I am a grafi/
From Ngoketunjia/
My navel resides in Clando Republic/
Travesty of global nation-states/
Ongola!/
Clando Republic!/
Alias counterfeit republic/
Make-believe Republic/
Hijacked by a bunch of nitwits/
Who kowtow to the dictates of political mafia/
And thrive on tribal shenanigans/
Aiding and abetting corruption/
Collusion and Complicity/
In the shambles of La République/
Of chop-a chop/
What an eyesore!/
This nation of jackasses/
Governed by stiff-necked ruffians/
Their baboons groan/
They yearn for freedom to consume dagga/
Their chimpanzees wail/
They moan for freedom to snort cocaine/
Their bitches bark/
They desire freedom to fornicate in public/

Their lions roar/
They desire freedom to drown
Daily toil and humdrum in jobajo/
Their hounds snarl/
They whine about criminalized underage sex/
Their schools are zoos/
Teeming with trigger-happy brats/
Teachers teach in fear/
Learners learn in awe/
This is the dawn of the
Jungle Republic of Ngola/
Where roads are death traps/
Hospitals are slaughter chambers/
Vive la République clando!/
Viva the Republic of Kleptocracy!/
Beware of folks of the underworld!/
Day and night they comb/
Nooks and crannies of the world/
Town, city and village on the lookout for loot/
In good weather as in bad/
Day and night, afternoon and evening/
They leave no stone unturned/
Beware of feymen and feywomen!/
In their wake lie countless casualties—/
Banks robbed/
Cars burgled/
Homes broken into,/
Offices ransacked/
Lives terminated at gun-point./
Beware of folks of the underworld!/
Steer clear of the *maquisard*/

In their flurry and frenzy/
Every weapon comes in handy—/
Machete, knife, spear, short-gun/
AK-47 and more/
Mind you kleptomaniac/
Six days for the robber/
And one day for the owner./
So goes the dirge for mediocry/
Sing requiem for meritocracy/
In the good old days/
When round pegs stood in round holes/
Meritocracy had signification/
Not anymore!/
This is the dawn of a New Deal/
The era of biyaism/
The reign of mediocrity!/
We celebrate mediocrity!/
We reward dereliction of duty/
If you desire something done/
You grease my palm/
Nothing goes for nothing—/
Il faut parler/
Speak the Cameroonian
Lingo of choko/
You scratch my back/
I scratch your own/
Chop-a-chop mola!/
This the modus operandi mbombo/
Le dehors est djinja mon pote/
You want to be en haut?/
You'd better gotten yourself a godfather/

Or is it a godmother we need?/
This is the age of ineptitude—/
The epoch of sham governance/
Square pegs in round holes partout!/
Sing requiem for common sense!/
And usher in the reign of insanity!/
Alleluia, Hosanna in the highest/
On Mount Fako/
Blessed be the poor in spirit/
For theirs shall be the kingdom of Shenanigans/
Unbridled quest for material possessions/
Is akin to cancer eating deep /
Into the moral fabric of our malignant society/
The media is awash with tales about/
Shoddy deals, kickbacks and outright theft/
Perpetrated by government officials day in day out/
By civil servants and traditional leaders/
The mbehs—Chiefs and Fons are in the shame boat/
Ponder the fate of Fon Isaac Chafah/
The deranged Fon of Bangolan/
In Ngoketunjia Division/
Who threw his royal regalia to the swine/
And affiliated with the Christian the rank and file/
Much to the chagrin of villagers/
Who called for his dethronement outright/
Recall the fate of Fon Gah Gwanyin/
The late chieftain of Balikumbat/
The bastard who fed on the /
Blood of his own people/
The same folks who enthroned him!/
Are fodder for canon/

Under the tyranny of a/
Befoggled CPDM bootlicker/
Come to think of it/
Traditional leaders of this caliber/
Deserve a fate worse than that of/
Fon Gah Gwanyin/
Reason why the incarceration
Of Chief Inoni Ephraim/
Former Premier/
And Head of Government/
At Kondengui came as no surprise to me/
What a befitting retirement home/
For the architect of the cancerous regime in Ongola!/
Yves Fotso's meddling in the Albatross Affair
Comes as no surprise to me either/
When the mother cow eats,
The calf watches surreptitiously/
The firing of erstwhile Ongolan Ambassador/
To Uncle Sam came as no surprise to me/
The certified asshole took delight in throwing punches/
At anyone who questioned his misdeeds in Washington
D.C./
Shame-o! Shame-o! Cameroon na yap-o!/
I am scandalized by media reports /
Concerning compatriots who live and work in America/
And yet continue to earn full salaries from the/
Cameroonian government coffers for zero work done!/
Did Augustin Kontchou Kouomegni
Not say *zero travail, zero salaire*?/
Such is the depth of moral degeneracy/
Into which my Kontri pipo have sunk-o!/

Shame-o! Shame-o! Cameroon na shit-o!/
This whole republic of shitology/
Has sent God on vacation!/
And its citizens have/
Metamorphosed into *bushafallers*/
In all the nooks and crannies of the globe/
At their peril they flee/
By plane, car and boat/
Yet we are all in the same boat/
The same fate awaits us all—/
Man, woman, or pikin/
As one man dies, so dies the other/
All have the same breath/
All have the same red blood/
No man has an edge over/
His neighbor before God's eyes/
Before God all earthly creatures are equal/
There is no space for earthly possessions/
In our final habitat six feet deep/
Ill-gotten wealth smears us with firth/
We're food for maggots/Ashes
Beware of Ashes!/
From ashes we're made/
Into ashes we'll return/
From dust we all come/
Unto dust we will all return/
Who knows if the spirit of one man/
Rises and the spirit of the/
Other goes down into the earth?/
So there's no better way for men/
To live than to enjoy their companionship/

In the fellowship of the Holy Spirit/
Before God/
There's no *Docta*/
No Professeur *agrégé*/
No Président/
No Général/
No PDG/
No *élu du peuple*!/
No *Député*/
No *chef de service*/
No *planton*/
No nchinda/
Only Kamerunians in a casket/
Casket!/
Had I known/
That one day I will return /
To dust as naked as an earth worm/
I wouldn't be so supercilious/
Had I known/
That in death there are no greater beings/
I wouldn't be so vainglorious/
Had I known/
That there's no room in the grave/
For my ill-begotten wealth/
I would be less materialistic/
Had I known/
That in Paradise there are no lesser races/
I wouldn't be such a racist./
God is color blind/
Had I known/
That death makes no distinction/

Between chiefs and nchindas
I wouldn't be such a megalomaniac/
I now know that/
Death is an equalizer/
It levels all social casts/
It comes to all and sundry/
In the same manner—/
Slumber in a casket/
Therefore, strive for the
Summum bonum—/
The Common Good/
In keeping with the social contract/
The good of one person/
Is the good of all and sundry/
It's no good living/
On an island like a hermit/
The more the merrier!/
The good of one individual/
Is the public good/
We are worthy only/
In the presence of others/
Alterity isn't a bane/
It's a boon for humanity/
A wise man once quipped—/
Unity is strength/
No man is an island/
Sufficient onto himself/
Seek not the self/
Rather seek the other/
Quest for Otherness/
Bears the seed of universal pacifism/

Quiet peace-maker/
Pacifist!/

An eye for an eye/
And a tooth for a tooth!/
That's your modus vivendi/
Benighted idiot!/
But be not so content/
The Most High has a different/
Recipe for you—/
Give to Caesar what is Caesar's /
And to God what is God's/
Be a pacifist!/
Love your enemies/
Do Good to those who hate you/
Bless those who curse you/
Pray for those who mistreat you/
If someone strikes you on one cheek/
Turn to him the other as well/
Quiet peace-maker/
If someone takes your cloak/
Do not stop him from taking your tunic/
Give to anyone who asks you/
And if anyone takes that/
Which belongs to you/
Do not demand it back/
Do unto others as you would/
Have them do unto you/
Strive to be a pacifist/
In good times and bad /
That's taximan's wisdom./

Ethnic prejudice is a skunk!
I call you Anglo!
You call me frog!/
In mock attempt/
At denigration/
In point of fact/
You delude yourself/
God doesn't make trash/
Not even the Ngolan god!/
Listen Well! *Ecoutez bien*!/
Le Cameroun ne serait/
Cameroon would not be Cameroon/
Pas le Cameroun/
Sans les Anglos/
Without Anglos/
Le Cameroun serait incomplet/
Cameroon would be incomplete/
Sans les Frogs/
Without Frogs/
Le Cameroun ne serait pas le Cameroun/
Cameroon would not be Cameroon/
Sans les Grafis, Bassas, Bamis/
Without Grafis, Bassas, Bamis/
Bakundus, Bansos et j'en passe/
Bakundus, Bansos, you name them/
C'est ensemble que/
It's together that/
Nous sommes Camerounais!/
We are Cameroonians!/
You call me *le Bamenda*!/
Blinded by deep-rooted/

Bigotry that compartmentalizes/
The nation into/
Enclaves of lingos/
What freaking idiocy!/
Mentally retarded you're!
In point of fact/
You live in a fool's/
Paradise where red is blue/
And white is black/
In your world/
Wisdom is anathema/
You call me come-no-go!/
Because you think you're/
Son of the soil/
Your world is built on separatism—/
A self-seeking world/
Where tribal profiling leaves/
No room for personal growth/
But you fool yourself!
Go to Tiko Market/
Who owns the businesses?/
Come no go or indigenes?/
Go to Kumba Market/
Who owns the business enterprises?/
Come no go or natives?
Go to Limbe/
Who owns the business enterprises?/
Come no go or son of the soil?
If you want development to come
To your house/
You must open your doors wide/

Unless you're waiting for an earthquake/
To make development happen/
You call me Bami!/
In mock denigration of/
My industriousness/
You even nickname me Jew of Ngola/
Because of long eye for *ma moni*/
You see not beyond your nose/
You're a benighted stay-at-home—/
A veritable *fainéant*!/
I know not who I am…/
I will not parler français at home/
Je ne parlerai point French on the school grounds/
I will not speak French avec mes copains/
I will not speak French with mes camarades de classe/
I will not speak français tout court/
Hello! Ils ne sont pas bêtes, ces Anglos!/
Halo! These Anglos are not dumb!/
Après maintes reprises,
After several insults/
ça commence à pénétrer /
It begins to penetrate/
Leurs têtes de cochon-hein!
Their pigheads-han!/
Dans n'importe quel esprit/
In every mind/
ça fait mal;/
It hurts/
ça fait honte;/
it's a shame/
ça agace!/

It's annoying/
ça lèse!/
It hurts/
Et on ne speak pas French/
Dans les carabets de matango/
In matango taverns/
Ni dans les gares routières/
At motor-parks/
Ni anywhere else non plus/
On ne sait jamais avec/
You never know/
Ces conasses de froggies!/
With idiotic frogs/
D'ailleurs, qui me donne cette
In any case, who gives me the/
Autorité de crier à tue-tête?/
Right to shout at the top of my lungs/
Where is he from? Bamenda/
Buea? Balondo? Bafang? Or Bafangi?/
Why écrire ces sacrées lignes?/
Why write this sacred lines?/
Peu m'importe!/
I don't care!/
I write what I want/
Sous n'importe quel ciel/
Anywhere under the sun/
It's testimony to the fact that/
I am Camerounais de souche/
I am a true Cameroonian/
Son of the soil!/
Don't mind the frogs—

If you are not happy here allez ailleurs!
If you're not happy here, go elsewhere!/
Where is ailleurs? Bon Dieu!/
Where is elsewhere, God Lord/
We're not numskulls, you know!
Zut alors! ça commence/
Goodness!/
It's getting on my nerves already/
A me taper sur les nerfs./
It's getting on my nerfs/
J'appelle un chat un chat/
I call a spade a spade/
Faut dépasser ça, anyhow/
Get over it!/
Faut parler camerounais/
Let's speak Kamtok
Speak Cameroonese/
Faut regarder la television/
En camerounais./
Watch TV in Kamtok/
Faut écouter la radio en camerounais/
Listen to the radio in Kamtok/
Comme tout bon Camer/
Like all good Camerians/
Why not just go ahead and learn English?/
Don't fight it, vous pigez?/
Don't fight it, get it?/
It's easier anyway/
No bilingual schools/
No bilingual constitutions/
No bilingual ballots/

No bilingual toll-gates/
No bilingual billboards/
No bilingual commercials/
No danger of invisible Berlin walls!/
Do we really need French de toute façon?/
Le Cameroun c'est le Cameroun, no be so?/
Cameroon na Cameroon, na so no?/
Le chien aboie et la caravane passe/
The dog barks and the caravan passes./
But, your is Pyrrhic Victory! /
Kill! Kill! Kill!/
Tis the spirit of the bayonet/
Blood makes Mbiya Grow horns/
What makes the CPDM green?
Blood! Blood! More blood! /
Victory starts in Ongola!/
Sacrificial lambs abound in Southern Cameroons/
 Scape-goats are legion in Ambasonia—
Akwanka Joe Ndifor/
Emmanuel Epsi Ngum /
Anne Nsang Kwain/
Sam-Nuvala Fonkem/
Luke Ananga/
Jacobs Bate Besong/
Hilarious Ambe/
Tabe Awoh/
Kwasen Gwangwa/
Pius Njawe/
Saidou Nchoute Sule/
Albert Womah Mukong/
Lapiro de Mbanga…/

Methinks yours is but /
A Pyrrhic victory—/
One too costly to be proud of /
To be of any real use to YOU/
We may know all our /
Reassuring code-names—
We'll never know the names/
Of all compatriots killed by the vampire /
Hibernating at Etoudi/
The Etourdi land lord has defecated/
On our flag and national anthem—/
The Camerian national anthem/
Mes complices de Nkouloulou-o!/
Ma complice dem for Nkouloulou-o!/
Mes taras de Moloko-o!/
Ma tara dem for Moloko-o!/
Ma mombo dem for Marché central-o!/
Mes amis du Marché central-o!/
Ma kombi dem for Kumba market-o!/
Mes potes au Marché de Kumba-o!/
Ma dong pipo dem for Kasala farm-o!/
Les sauveteurs du Kasala farm-o!/
De wan dem for Camp Sic de Bassa-o!/
Ceux du Camp Sic de Yabassi-o!/
Sep da wan dem for ngata for Tchollire-o!/
Même ceux qui purgent des peines/
Au sein de la prison de Tchollire-o!/
De wan dem for Robben Island de Kondengui,/
Ceux qui végètent dans la prison/
Cauchemardesque de Kondengui/
Ala wan em for prison de Mantoum-o!/

Les autres en prison de Bamenda-o !/
Sep da wan dem for Buea!/
Laissez-moi vous langua cette nouvelle./
I sei mek I langua wuna dis tori./
Un nouvel hymne national vient de naître à Ongola./
Some national anthem dong commot/
Just now for Ongola/
Da mean say some national anthem /
Dong show head for we own kondre/
Voici comment se chante notre hymne national—/
Le Cameroun c'est le cameroun,/
On va faire comment alors?/
That is to say,/
Cameroon is Cameroon,/
What can we do? /
In ala word, /
Cameroon na Cameroon,/
We go do na how-no ?/
Grand Katika d'Etoudi,/
Kick all ndou for caisses de l'Etat,/
On chante toujours—/
Le Cameroun c'est le Cameroun,/
On va faire comment alors?/
That is to say,/
Cameroon is Cameroon,/
What can we do? /
In ala word, /
Cameroon na Cameroon,/
We go do na how-no ?/
Les ministres détournent
Les mbourous de l'Etat,/

On chante sans cesse—/
Le Cameroun c'est le Cameroun,/
On va faire comment alors?/
That is to say,/
Cameroon is Cameroon,/
What can we do? /
In ala word, /
Cameroon na Cameroon,/
We go do na how-no?/
Les kamambrous matraquent /
Les étudiants en grève sur le campus/
De l'Université de Buea, jusqu'à les nyoxer/
On chante comme d'hatibude:/
Le Cameroun c'est le Cameroun,/
On va faire comment alors?/
That is to say,/
Cameroon is Cameroon,/
What can we do? /
In ala word, /
Cameroon na Cameroon,/
We go do na how-no?/
Les mange-mille meng les taximan/
Parcqu'ils ont refusé de choko,/
On chante seulement:/
Le Camer c'est le Camer,/
On va faire comment alors?/
That is to say,/
Cameroon is Cameroon,/
What can we do? /
In ala word, /
A Cameroonian is a Cameroonian,

We go do na how-no?/
Les gendarmes violent les bayam sellam/
Parce qu'elles ne veulent pas donner le café,/
On chante sans cesse—/
Le Cameroun c'est le cameroun,/
On va faire comment alors?/
That is to say,/
Cameroon is Cameroon,/
What can we do? /
In ala word, /
Cameroon na Cameroon,/
We go do na how-no?/
Les politiquarts/
Truquent les élections à vue d'oeil,/
Parce qu'ils sont affligés de la mégalomanie,/
On chante—/
L'Ongola c'est l'Ongola,/
On va faire comment alors ?/
That is to say,/
Cameroon is Cameroon,/
What can we do? /
In ala word, /
Cameroon na Cameroon,/
We go do na how-no ?/
Le gouvernement refuse de/
Goudronner les routes,/
Parce les ministres ont tout kick,/
On chante sans avoir honte:/
Le Cameroun c'est le cameroun,/
On va faire comment alors ?/
That is to say,/

Cameroon is Cameroon,/
What can we do? /
In ala word, /
Cameroon na Cameroon,/
We go do na how-no?/
Les fonctionnaires sont compressés/
A cause de la krish économique /
Et la corruption endémique,/
Engendrée par le dysfonctionnement
 De l'Etat bananier de chop-a-chop/,
On chante—/
Le Cameroun c'est le cameroun,/
On va faire comment alors?/
That is to say,/
Cameroon is Cameroon,/
Na so da we own/
Cameroon National Anthem dei!/
What can we do? /
In ala word, /
Cameroon na Cameroon,/
We go do na how-no?/
Na so da we own/
Hymne ongolais dei!/
Les *diplôm*és d'université/
Se retrouvent au Chomencam,/
On chante comme des mbuts:/
Le Cameroun c'est le cameroun,/
On va faire comment alors?/
That is to say,/
Cameroon is Cameroon,/
Na so da we own/

Cameroon National Anthem dei!/
Le Grand Katika nous largue/
Une constitution constipée/
Bekoz il veut crever au pouvoir,/
On chante bêtement, /
Pour ne pas dire moutonnement—/
Le Cameroun c'est le cameroun,/
On va faire comment alors?/
That is to say,/
Cameroon is Cameroon,/
Na so da we own/
Cameroon National Anthem dei!/
Les Mbere-Khaki meng/
Des bendskinneurs foreska affaire nkap,/
On chante:/
Le Cameroun c'est le cameroun,/
On va faire comment alors?/
That is to say,/
Cameroon is Cameroon,/
Na so da we own/
Cameroon National Anthem dei!/
Le Chop Pipo Dem Moni party (CPDM)/
Nous fait nye de toutes les couleurs,/
Parce qu'il n'y a pas moyen /
Pour les partis d'opposition ongolais d'y faire face,/
On chante comme des cinglés—/
Le Cameroun c'est le cameroun,/
On va faire comment alors?/
That is to say,/
Cameroon is Cameroon,/
Na so da we own/

Cameroon National Anthem dei!/
Le Grand Katika sort tout l'argent /
De la Caisse noire présidentielle/
Afin d'aller construire/
Son hôpital privé à Baden-Baden /
On chante peureusement—/
Le Cameroun c'est le cameroun,/
On va faire comment alors ?/
That is to say,/
Cameroon is Cameroon,/
Na so da we own/
Cameroon National Anthem dei!/
Une wolowoss se /
Métamorphose en Première Dame/
On chante seulement—/
Chantal-eh! Mini Minon-eh!/
Le Cameroun c'est le cameroun,/
On va faire comment alors?/
That is to say,/
Cameroon is Cameroon,/
Na so da we own/
Cameroon National Anthem dei!/
Un professeur ongalais dépassé/
 Par l'état des choses s'est écrié—/
Vrai de dieu, le Cameroun est formidable,/
Vivons seulement./
Da mean sei:/
Cameroon na wandaful /
Mek we kop nye daso./
C'est le comble!
This is the last straw!

Needless to say I put my life/
On the line day knowingly/
By writing what I write./
I am poet of the people,/
Whatever you do unto the least/
Of my people you do it unto me/
And I will never shut up as long/
As there's injustice in these climes/
I have the conviction that/
Injustice to one is injustice to all/
Worse still, the bitter truth /
Is that this world will not/
Be destroyed by those who do evil/
But rather by those who see evil/
And do nothing about it/
That's why I have elected/
To blow the whistle when need be/
It's a cause that I cherish/
It's an ideal for which I hope to live/
And if need be/
It is an ideal for which/
I am prepared to meng/
Because I am poet of the people/
Poet of di pipo!/
ME, I be na poet of di pipo./
Weda you long like bamboo,/
Or you shot like barlok,/
Poet of di pipo no get youa taim./
Na laf! /
Dis wan no be palava for laf!/
If you tok nonsense,/

Poet of di pipo go gee you!/
Foreseka sei poet of di pipo/
No get some man yi taim./
Poet of di pipo/
Di tok daso na tru tok,/
If poet of the pipo ya lie-lie tok,/
Yi go writ'am sei dis wan na wuru-wuru tok./
If yi ya popo tori /
Yi go writ'am sei dis wan na popo tok dis./
Na so poet of di pipo dei yi./
Poet of di pipo/
No di chop for tu pot./
If yu tif,/
Poet of di pipo go tok sei,/
Yu be tif man./
If yu di tok wayo tok,/
Poet of di pipo go tok sei,/
Yu di tok wayo tok/
Na so poet of di pipo dei yi./
Yi no di fia yi som man./
If ngomna tif vote,/
Poet of di pipo go tok sei,/
Ngomna dong tif election./
Yi no go shut up yi mop./
No man no fit trai/
Fo kop up yi mop wit soya./
D'ailleurs sep, poet of di poet/
No di chop yi soya!/
Weda yu bi na djintete,/
Or you bi na chargeur fo Marché Mokolo,/
Poet of di pipo no di nak han fo yu!/

Bekoz yu no bi doti wey yu fit fol fo yi ai./
If yu wan mek poet of di pipo carry youa kwah,/
Yu moss tok daso youa tru tok/
Poet of di pipo badhart koni /
Tok taim no dei!/
If yu sabi mek wayo,/
Taim wey yu chuk ai fo poet of di pipo,/
Mek yu daso pik tokio jump fo bush,/
Foreseka sei poet of di pipo /
No di chus yi som man!/
Yi go daso tek yi long crayon,/
Yi écrire som big buk fo youa hed,/
Ana da buk no go bi na fain waka./
Na so poet of di pipo dei yi./
So no,/
Ol tif pipo fo Ngola,/
Ol lie-lie pipo fo Yaoundé,/
Ol koni pipo fo Sangmelima,/
Ol feyman dem fo Douala,/
Ol clando pipo dem fo Bonamussadi,/
Ol famla pipo dem fo Medùmba,/
Ol Essingam pipo dem fo Mvomeka/
Mek wuna sabi sei poet of di pipo/
No di kop nye./
Wuna mos lookot!/
Foreseka sei poet of di pipo /
No di kip bad ting fo yi beleh/
No wan dei!/
Bekoz poet of di pipo yi beleh/
No bi na lantrine atol!/
Yi nye yi mos langua,/

74

No so poet of di pipo dei yi./
Poet of di pipo no wan nye tif tif!/
Tif man na popo come no go/
Na some ma complice fo Ndu /
Bi tok yi ting sei:/
Tif man die, tif man bery'am./
Som panapu no pass dis wan./
Fo Ongola,/
Tif flop fo all sai,/
Ol man na tif mam—/
Patron tif,/
Planton tif,/
Boss tif,/
Messenger tif/
Na so gomna fo tif pipo/
By tif pipo/
An fo tif pipo yi dei./
Dat is the gospel according/
To Saint Paul Mbiya Mbivodo of Mvog-Meka!/
Commissaire de police tif,/
Sans galons tif,/
Superintendent of police tif,/
Police constable tif,/
Capitaine for milito tif,/
Fut soldier tif./
Dem sei if youa broda/
Dei for ontop stik yi di tif,/
Yu mos kop nye forseka moto no moh./
Dem sei if Grand Katika tif,/
Yu mos kop nye forseka sei,/
Le *coup de tête* du Grand Katika/

Fit mof yua own garri fo mop./
Na so di law according to Mbivodoism dei./
Fo Ambasonia,/
Tif dong pas mak-oh!/
Wuman pikin tif,/
Man pikin tif,/
Repe tif,/
Reme tif/
Grand frère tif,/
Petit frère tif,/
Tchotchoro tif,/
Vieux capable tif,/
Na so tchop-broke- potism dei!/
Fo Nooremac /
Tif na helele fo Ngola-o!/
Na som ma tara bi tok sei jam pas die./
Monki chop pepe/
Dem tif nchou fo bank,/
Dem tif melecin fo hospita,/
Dem tif moni fo sukul fees fo pikin dem,/
Dem tif tax moni,/
Dem tif stik fo Yabassi blak bush,/
Dem tif oya fo Sonara,/
Just now dem wan tif sef Bakassi!/
Na waa for Mbiya Mbivodo-o!/
Tif man na Manawa-o!/
Tif man di lie sote pas tif dog./
Tif man fit toum sef yi own mami./
Tif man di tok daso wit wata for insai yi mop,/
Tif man sidon fo youa long,/
Na so yi ai go di pass pass/

Laik sei yi yia na bat news./
Yi di daso check de ting /
Wey yi go kick befo yi commot./
Tif man na come no go,/
Na sick man nomba wan!/
Na yi mek tif pipo dem/
Get kain by kain name—/
Tchong,/
Bandit,/
Voleur,/
Coupeur de route,/
Barawo,/
Leuh,/
Thief,/
Robber/
Feyman,/
Kickman,/
Ngong/
Choko man/
Choko is another cancer
That's destroying Cameroonians/
Some sick dong come fo Cameroon,/
Yi bat sotai pas come no go,/
Da sick dem di call'am sei choko./
Choko na popo come no go!/
Ol Camers dem dong katch da sick!/
Dem daso choko, soso choko!/
Big man choko, smol man choko!/
Da sick trong sotai pas ol pipo./
Yu wan put ai fo yua dossier /
Fo eni ofis fo Ongola,/

Dem go daso tok sei mek yu choko./
Choko na popo cancer fo Ongola-o!/
Yu wan write concours/
Fo enter big sukul,/
Dem go sei mek yu choko./
Choko na popo SIDA fo Cameroon-o!/
Yu wan put pikin fo sukul,/
Sep smol sukul/
Dem go sei mek yu choko./
Choko na popo 'epidemic' fo wi own kontri-o!/
Mbere-khaki stop moto fo road,/
Sep *voiture personnelle*, 'I drive myself',/
Yi go daso tok sei mek draiva choko, /
Choko na popo 'pandemic' fo Abakwa-o!/
Wuman wan go bon fo hospita,/
Sep fo ngomna hospita,/
Dem go daso tok sei mek yi choko./
Ah, ah! Dis wan mean sei witi?/
Choko na popo come no go-o!/
Na AIDS fo Nooremac-o!/
Yua repe meng,/
Dem wan mek crai dai,/
Fon go tok sei mek yu choko!/
Yeh maleh! No be na barlok dis?/
Yu wan mof yua mami/
Yi die bodi fo mortuary,/
Dem go sei mek yu choko./
Choko na Sick Nomba Wan/
Fo di Republic of Clando-o! /
Yu go for fain wok,/
Dem go sei mek yu choko./

No wanda ol man dei fo/
Chômencam fo Ngola!/
Choko na wandaful sick-o!/
Yu wan mek marred fo Church,/
Sep marred fo Mairie,/
Fada ana Mayor dem go sei mek yu choko./
Da sick dong katch ol man-o!/
Yua pikin wan tek batism,/
Pasto go sei mek yu choko./
Yi dei laik sei God fo Ongola /
Yi sef dong gring dis palava fo choko!/
Choko na popo kwashiokor fo Cameroon-o!/
Hau wey di ting bi so,/
Wusai wi go tek melecin /
Bifo wi come mof da bat sick dei, no?/
Megan pipo fo Oku,/
Dong trai yi pas dem./
Melecin pipo fo Nyos,/
Dong trai yi pas dem daso./
Marabout dem fo Adamawa,/
Dong tenter yi pas dem./
Malam dem fo Foumban,/
Dong trai wit gris-gris yi soso pas dem!/
Mukala dem dong trai wit white-man megan,/
Yi daso pas dem./
Na yi wei Transparency International/
Dong si da palava so yi pass yi/
Yi vex sotai yi tok som gramma sei:/
Cameroon is the Sick Man of Africa!/
Woomoh! Woomoh! Woomoh! Barlok-eh!/
Na which kain barlok choko sick bi dis- eh!/

Yeee! Ein! Yeee! Ein! Yeee! Ein! /
Tis time to go exterminate the culprits!/
Tis time to fumigate the nation!
Tis time to toyi toyi/
Today na today!
Aujourd'hui c'est aujourd'hui!/
Lah noh lah!/
Today na wi na dem./
Wi go daso weh one trosa./
Aujourd'hui nous allons porter /
Le même pantalon!/
Dem own dong too much!/
Toyi! Toyi!/
Waka! Waka!/
Marchez! Marchez!/
Allons-y!/ Mek wi go!/
Allons-y au palais d'Etoudi!/
Mek we go fo Etoudi Palace!/
Let's go to Etoudi Palace!/
Toyi! Toyi!/
Waka! Waka!/
Marchez! Marchez!/
All man go fo di Pipo's Palace!/
Today na wi na dem,/
Wi go chop fo wan pot,/
Wi go nang foi one bet,/
Aujourd'hui, c'est aujourd'hui,/
Nous allons manger dans le même plat,/
Nous allons nous coucher dans le même lit./
Toyi! Toyi!/
Waka! Waka!/

Marchez! Marchez!/
Gudu! Gudu!/
Come on! Come on!/
Pipo dem dong tok taya!/
Nating no di change!/
Nating no di change!/
Pipo dem dong crai taya!/
Nating no di change!/
On a parlé fatiguer!/
Rien n'a changé!/
On a pleuré sans cesse!/
Rien n'a changé!/
Today na da dey!/
Make man no run!/
They may run but they can't hide!/
Man lep, yi lep!/
ça gâte, ça gâte!/
Man no die, man no roten,/
Dai man no di fia beri-grong./
Toyi! Toyi!/
Waka! Waka!/
Marchez! Marchez!/
Gudu! Gudu!/
Come on! Come on!/
Hia! Hia! Hia!/
Brrrrh! Brrrrh! Brrrrh!/
Grrronnh! Grrronnh! Grrronnh!/
Mek all man commot,/
Wan man, wan machete!
Wan wuman, wan hoe!/
Wan gondere, wan spear!/

Mek Quifon commot,/
Mek Ngumba commot,/
Mek Ngiri commot,/
Kongkong! Kongkong! Kongkong!/
Kingking! Kingking! Kongkong!/
Mek war-mabu commot,/
Mek Nkemeuhdeung commot,/
Mek Ngwayuh commot,/
Kinding! Kinding! Kinding!/
Kindong! Kindong! Kindong!/
Na daso di beginning,/
Di beginning of di end,/
The end of a leprous regime!/
The demise of a cancerous polity!/
Today na today,/
Shakara na shakara! /
Toyi! Toyi!/
Waka! Waka!/
Marchez! Marchez!/
Gudu! Gudu!/
Come on! Come on!/
Hia! Hia! Hia!/
Huruje! Huruje! Huruje!/
Fear not brothers,/
Tremble not sisters,/
Falter no kontri pipo,/
We go overcome!/
Groooong! Groooong! Groooong!/
Today is today!/
We go meng favoritism!/
Aujourd'hui,/

Nous allons tuer le népotisme!/
Lah no lah, bah boh yee tribalism!/
Yao,za mu keshe ethinicism!/
Today cronyism must die!/
Today, corruption must kwench!/
Today, choko must meng!/
Aujourd'hui c'est aujourd'hui!/
We go kill man know man!/
Kill ghost workers!/
Kill phony political parties/
Kill electoral fraud/
Kill bribery and corruption,/
Meng lie-lie tok/
Kill chop a chop!/
Meng President-for–life,/
Tuer le roi-fainéant!/
Bolè l'homme Lion!/
Meng Clando katika fo Ngola!
Oya! Oya! Oya!
Kill'am! Kill'am! Kill'am!
Toyi! Toyi!
Waka! Waka!
Marchez! Marchez!
Gudu! Gudu!/
Come on! Come on!
Hia! Hia! Hia!/
Liberty, eh, eh! /
Liberty oh, oh,! /
Freedom oh, oh!
All-powerful God, ah, ah! /
Liberté, eh, eh! /

Liberté,eh, eh! /
All-powerful God, ah, ah! /
Dieu Tout Puissant, eh!/
Small small catch monkey/
Die man no di fia beri-grong/
Smol taim we go bi free pipo!
Sing Kum-Kum Massa!/
Oh! Kum-Kum! /
Sing H-u-r-u-j-e!
H-u-r-u-j-e!/
Smol ngondere,/
Sing Kum-Kum Massa!/
Oh! Kum-Kum! /
 Big ngondere,/
Sing Kum-Kum Massa!/
Oh! Kum-Kum! /
Kum-kum Massa!/
Oh! Kum-Kum! /
Yua mami pima, Mbiya!
Fuck you, Mbiya!/
Yua taim dong come-o!/
Oh! Kum-Kum!/
H-u-r-u-j-e!/ Eh!/
Wuman pikin,/
H-u-r-u-j-e!/ Eh!
Kum-kum Massa!/
Oh! Kum-Kum!
Sauveteur!/
Sing Kum-Kum Massa!/
Oh! Kum-Kum! /
Bendskinneur!

Sing Kum-Kum Massa!/
Oh! Kum-Kum!/
Call-boxeurs!
Sing Kum-Kum Massa!/
Oh! Kum-Kum!/
Call-boxeuses!
Sing Kum-Kum Massa!/
Oh! Kum-Kum!/
Taximan!
Sing Kum-Kum Massa!/
Oh! Kum-Kum!/
Wolowoss!
Sing Kum-Kum Massa!/
Oh! Kum-Kum!/
Mek man no run,/
Kum-kum Massa!/
Oh! Kum-Kum!
Mek man no foget yi cutlass,/
Kum-Kum Massa!/
Oh! Kum-Kum!
N'oubliez pas le coupe-coupe,/
Kum-Kum Massa!/
Oh! Kum-Kum! /
Mek man no foget yi spear,/
Kum-Kum Massa!/
Oh! Kum-Kum! /
Bi meuh lehneuh yeuh feh,/
Kum-Kum Massa!/
Oh!Kum-Kum! /
Wuna mimba wuna sofri,/
Kum-Kum Massa!/

Oh! Kum-Kum! /
Pensez aux houes,/
Kum-Kum Massa!/
Oh! Kum-Kum! /
Kada ku manta fartanya,/
Kum-Kum Massa!/
Oh! Kum-Kum!/
Pensez aux carquois!/
Kum-Kum Massa!/
Oh! Kum-Kum! /
Mek man no foget
Yi bow wit arrow/
Kum-Kum Massa!/
Oh! Kum-Kum! /
Wuna mimba naif!
Kum-Kum Massa!/
Oh! Kum-Kum! /
Toyi! Toyi!/
Waka! Waka!/
Marchez! Marchez!/
Gudu! Gudu!/
Come on! Come on!/
Hia! Hia! Hia!/
Shakara na shakara! /
Katcham! Katcham!
Kum-Kum Massa!/ Oh! Kum-Kum!/

GLOSSARY

A

Abi?	not so?
Aff	affair, business, goods
Ala	other, another
Alikamouti	devil
Allo	lie, lying
Afta	after
Agrégé	associate
Akwara	prostitute, street girl, whore
Ala	other
Amor	love
Amour	love
Amsa	answer
Ana	and
Anglo	English-speaking Cameroonian
Ani day	everyday
Animan	everyone
Arata	rat, mouse
Ashawo	prostitute, street girl, whore
Aschouka ngangali!	serves you right!
Autocentré	self-reliant
Axe	ask

B

Ba-hat	ill-will
Bah	we
Bamenda	capital city of Northwest Region, fool, idiot
Banda	ceiling
Bandit	thief
Bangala	penis, male genital organs
Banja	back
Baratiner	to chat up; to sweet talk
Barawo	thief
Barlok	bad luck
Bayam sellam	women who retail foodstuff
Beans	vagina
Beleh	belly; stomach
Bendskin	motorcycle
Bendskinneur	bendskin driver
Bep-bep	bragging
Beta	better, it's preferable
Biafrais	Biafran, person from Bamenda
Bip	animal, beef, meat
Bita	bitter

Bo'o	friend
Borrow'am	borrow it
Botro	bottle
Boulot	job, work
Boutique	shop, store
Broda	brother, friend
Broke	break
Buon giorno	good morning
Buk	book, studies, education
Bury'am	bury it, bury him/her
Bury grong	cemetery, grave-yard
Bus	but
Bushfaller	immigrant

C

Cache-manger	vagina, sexual organs of a woman
ça gâte	out of hand
Café	bribe
Calé	catch
Calé-calé	raid
Caleçon	underwear
Call'am	call it
Call buk	read, reading
Camer	Cameroonian, Cameroon

Cameroonese	Cameroonian turns of phrase
Camerounisme	Cameroonian way of speaking
Camerounais	Cameroonian lingo
Capitaine	Army captain
Capo	important person, friend
C'est le comble	it's the last straw
Chakara	disorder, chaos
Chargeur	loader at the motor-park
Chef de service	service head
Chemise	shirt
Chess	chest
Choko corruption	bribe; bribery and
Chômencam	unemployment in Cameroon
Chop	eat, food
Chop broke-pot	spendthrift
Chop-life	playboy life style
Clando	illegal, fake
Come-no-go	disease that causes the body to itch
Commissaire	superintendent of police
Complice	friend, accomplice

Commot	get out; leave
Compresser	to lay off a worker
Concours	competitive exam
Cosh	insult
Coupe-coupe	cutlass
Coupeur de route	highway robber
Coup de tête	nod
Craze	mad, madness, drunk
Cring	clear, become intelligent
Crish	drunk, mad

D

Dagga	marijuana
D'ailleurs	by the way
Dammer	cooked food, eat
Daso	still, continue, only
Député	Member of Parliament
Deuxième bureau	mistress, girlfriend
Développement	development
Da	that
Dei	is, are
Di	does
Diba	water
Dieu	God

Dios	God
Djim-djim	very big, huge
Djintete	big shot
Dobroye utro!	Good morning! Hello!
Docta	Doctor, herbalist, Ph.D.
Dong	down, below, low, has, have, rank and file
Dong pipo	rank and file
Doormot	door, threshold
Dross	underwear
Dung	has, have
Durban	city in South Africa

E

Ecrire	to write
Ecole	school
Economie	economy
Elobi	swamp
Es	is
Escuela	school
Essingan	witchcraft; secret society

F

Facking	fucking
Fada	priest
Fain	search, good

Fainéant	lazy person
Fala	father
Fambru	family
Famla	witchcraft; secret society
Fanagalo	lingo spoken in South African mines
Fartanya	hoe
Feyman	conman
Feymania	underhand deals of conmen
Fia	fear
Foiré	broke
Forget'am	forget it
Forseka	because, on account of
Fransi	French language
Frog	French-speaking Cameroonian
Frutambo	deer
Fullup	full of, several

G

Gata	prison, cell
Gee	give
Get'am	get it, has it, have it
Gist	tell
God morgon!	good morning! Hello!

Gomna	government
Goûter	to taste
Gramma	European language, grammar
Grandpikin	grand child
Gra-gra	commotion, disorder
Grand frère	big brother
Gring	agree, accept
Gris-gris	witchcraft, gris-gris, talisman
Grong	round
Gudu	run
Guten morgen!	good morning! Hello!

H

Hala	ring, sound
Half-book	semi-literate person
Hart	heart
Haya-haya	haste, hurry
Helep	help
Hia	here
Hide'am	hide it
Hip	contribute
Hola!	hello!
Homme	man
Hope eye	intimidation

Hose	house, residence
Hospita	hospital, clinic
Hottentot	Bushman in Southern
Africa	

I

Individu(s)	Individual(s)

J

Jalopi	car
Jam	crash (into)
Jandre	rich
Jeune talent	young man
Jobajo	beer
Juju	something frigtful, masquerade
Jupe	skirt

K

Kain	type, sort
Kain by kain	all kinds, all sorts
Kajere	very short person
Kaku	property, wealth
Kamambrou	soldier
Kanas	testicules, male genital organs
Kanda	cowhide, sexual organs

95

Kangwa	limestone
Kata	catarrh, pad
Katch	catch
Katch'am	catch him/her/it
Katika	big shot, big man, leader
Kelen-kelen	sticky soup; slippery
Kick	steal, rob
Kick man	thief
Klark	bank teller
Knack	knock, hit, worry
Knack kanda	have sex
Knack mop	argue
Koisan	bushman
Kokobioko	mushroom, fake, pseudo
Kombi	friend
Kondition	condition
Kondre	country, fatherland, village
Kongolibon	clean-shaven
Kongossa	gossip
Kontri	country, fatherland, native land, village
Krish	insane, drunk
Kop nye:	close one's eyes, ignore, turn a blind eye

Kujera	chair, seat
Kunya-kunya	slowly, one step at a time
Kwah	bag, pocket, purse, hand bag
Kwara-kwara	Mat woven out of bamboo pith

L

Lah	today
Land	learn, teach
Langa	greed, cupidity, covetousness
Langua	langua, speak, say, tell
Las	buttocks, anus, bottom, vagina, last
Last heure	in the nick of time, last moment
Leap	leaf
Lef	leave, let
Lele	really
Lep	stay behind
Leuh	thief
Lie-lie	lies, fake, sham, make-believe
Lobola	bride price
Lock'am	lock it/him/her

Long	house, home, residence
Long eye	envy
Longo-longo	tall slim person
Lookot!	beware! watch out! be careful!

M

Magan	witchcraft, traditional medicine
Magana	story, talk, message
Maguida	northern Cameroonian
Mairie	mayor's office, city office
Majunga	alcoholic drink
Makaranta	school
Mami wata	water spirit, mermaid
Manawa-a	wasp
Mange-mille	corrupt police officer
Man-pikin	man, male, boy
Maquisard	swamp-dweller; guerrilar fighter
Marché	market
Marché des femmes	women's market
Marché Mokolo	Mokolo market
Marred	marry, married, marriage
Mash'am	step on, trample on

Massa	term of address used by acquaintances; master, husband
Matango	palm wine
Matoa	car ,vehicle
Matta	matter, issue
Matutu	raffia wine
Mbambe	blue-color job; blue-color worker
Mbele-khaki	police-man, cop
Mbindi	kid, child
Mbock	whore, prostitute
Mboma	boa constrictor, big
Mbombo	friend
Mbo'oko	rascal
Mboti	clothes, outfit
Mbouru	money
Mbu	liquor
Mburu	Money
Mbut	fool
Mbutuku	fool,idiocy, silly person
Meetup	meet with, catch up with
Megan	witchcraft
Melecin	medicine, drugs
Même	even
Meng	kill, die

Meself	myself
Metosh	half-breed, metis, mixed
Milliardaire	multi-millionaire
Milito	military, soldier
Mimba	remember
Mimbo	alcoholic drink
Mimbo-man	drunk, drunkard
Mini minor	sexy woman
Miondo	cooked cassava paste wrapped in leaves
Moh	good
Mola	friend, man
Molo-molo	very gently
Moni	money
Moralité	morality, moral rectitude
Moto	car, vehicle
Motoh	ill-luck, mishap, misfortune
Mouf	remove, abort, piss off, get out
Mouf'am	(re)move it, take out
Mop	mouth
Moumie	young (unmarried) girl
Mou-mou	deaf and dumb, stupid
Moukoussa	widow

Moyo	in-law
Mu	we, us
Mukala	white man, European
Mukanjo	coastal fish
Mumuh	deaf and dumb, fool

N

Na	is, are, it's, and
Naître	to be born
Nang	sleep
Nangaboko	pass the night out of one's home
Nansara	whites, Europeans
Nansarawa	whites, Europeans
Nating	nothing
Nayo-nayo	very gently, very slowly
Nchinda	royal servant
Ndengwe	work hard, toil
Ndinga	guitar
Ndjindja	tough, hard, difficult
Ndoh	money
Ndok	act of begging
Ndomo	beat
Ndong	sorcery, traditional medecine
Ndoss	witty person

Ndoutou	ill-luck, mishap, misfortune
Nebo	neighbor
Nga	young girl, girl friend
Ngata	prison; jail
Ngeuh	suffering, frustration
Ngiri	village secret society
Ngola	Cameroon
Ngomna	governement
Ngumba	traditional society
Njama-njama	huckle-berry
Njambo	gambling, lottery, game of chance
Njangi	meeting, association, thrift society
Njianwoneuh	school
Njoh	free of charge, for free
Njock-massi	forced labor, hard labor
Njumba	boyfriend, girlfriend
Nkap	money
Nkeuh	love
Noh	is
Ntumbu	maggot
Nyamangoro	snail
Nyama-nyama	very small
Nyango	woman, wife

Nyas	buttocks, sexual organs
Nye	see
Nyi	God
Nyoxer	have sex

O

Odontol	locally brewed liquor
O Káàro!	Good morning!
Okrika	used clothes, second-hand clothes
Okro	okra
One	once
Ongola	Cameroon
Ongolais	Cameroonian
Opep	illegal-taxi
Opportune	opportunity
Oya	come on!
Oyibo	white man

P

Pala-pala	wrestling
Palais	palace
Palava	palaver, matter, issue
Pamanent	permanent
Panapou	parable, proverb, idiom, wise saying

Pantalon	trousers
Paplé	mad, insane
Parole	talk, message
Patron	boss
Partout	everywhere
PDG	CEO
Penya-penya	brand new
Pepe	pepper
Petit	small
Petit frère	small brother
Pikin	child, kid,baby
Pipo	people
Planton	subaltern, orderly, office boy
Plat	dish, plate
Policier	police man
Politik	politics
Politiquart	politician
Popo	very, real, proper
Poto-poto	mud
Pousse-pousse	wheelcart
Pousseur	wheelcart pusher
Pouvoir	power
Prein-prein	gun
Pussy	cat
Put hand	arrest

Q

Quata	neighborhood, quarter
Quoi	what
Qwifon	village secret society

R

Reme	mother
Repe	father
Rese	sister
Rigueur	rigor
Redressement économique	economic recovery
Robben Island	Maximum security prison in South Africa

S

Sabi	know
Saka	dance
Sans-Confiance bata	rubber slippers
San-san boy	smart boy, young lad
Sango	man, husband
Sanja	clothes, outfit, loincloth
Sans galons	police-constable
Sap	wear, dress up
Sapak	whore

Sauveteur	retailer of goods, hawker
Secteur	sector, neighborhood
Sei	that
Sell'am	sell it, sell them
Sep	even
Shap shap	early
Shweat	sweat, transpiration
Shweep	sweep, clean
Shweet	sweet, interesting
Shumbu	idiot, fool
Siscia	threat(s)
Sista	sista, friend
Sleep'am	sleep with, have sex with
So-so	only, nothing but
So-so-na	so and so, such and such
Sote	till, until
Stick	tree, wood
Suffa	suffering, hardship
Sukul	school
Sule	drink, get drunk

T

Take'am	take it

Takumbeng	Elderly women with supernatural powers in the grassfields of Cameroon
Tanap	stand
Tara	friend
Tcha	arrest
Tchapia	cut down grass (on a farm)
Tchat	chat
Tchater	to chat up, to sweet talk
Tchavoum	locally made gun
Tchoko	give a bribe
Tchong	thief
Tchook	pierce, stab, put
Tchotchoro	kid, baby
Tenter	to attempt
Tete	man, person
Tete for long crayon	intellectual, scholar
Throway	throw it, discard, send it
Tif	steal, rob, embezzle
Tis	taste
Tisam	taste it
Titi	girl, woman
Tok	indigenous language, speak

Tok'am	say it
Toum	sell
Toot	carry
Tori	story, tale, news
Toroki	tortoise
Tokio	run
Tout neuf	brand new
Tribunal	court, tribunal
Trosa	trousers, pants
Tuer	to kill
Ton	become
Tonton	to be cunning
Toyi toyi	protest song in South Africa
Tsotsi	urban urchin
Turu-turu	really, truly

U

Ubuntu	African humanism
Upkontri	at home
Upside	outside
Umhlala gahlé	good morning! Hello!

V

Vendeur à la sauvette	hawker
Vient	come

Vieux capable	experienced old man
Voiture	car
Voiture personnelle	private car
Voleur	thief
Voum	bragging, boasting

W

Waa	war
Wack	eat, food
Wahala	suffering
Waka	visit, walk
Wamful	harmful
wan	want, one
Wanda	wonder
Wandaful	wonderful
Wata	water
Weh-weh!	exclamation
Wheti	what
Wey	who, that
Wit	with
Witch	wizard
Wok,	job
Wold	world
Woman-pikin	girl, female, woman
Wowohbad,	nasty

Wolowoss	prostitute, harlot, whore
Wou	who
Wuna	you
Wuo-wuobad,	nasty
Wuru-wuru	tricksterism, wheeling and dealing
Wusai	where is, where are

X

Xhosa	indigenous language in South Africa

Y

Ya	hear
Yang	buy
Yao	today
Ya'ram	hear it
Yee	kill
Yeye	rascal, good-for-nothing
Yi	he, she, it
Youa	your
Youaself	yourself

Z

Za	we'll
Zangalewa	soldier

Printed in the United States
By Bookmasters